本当の猿田彦大神の秘密

88次元 Fa-A
ドクタードルフィン
松久正

青林堂

はじめに

私は、今生において、医師として活動していますが、現在の状況に至るまで、非常に重要な時期には常に、猿田彦大神《さるたひこのおおかみ》の導きがありました。生まれた直後に死から救われたこと、医学の道に進んだこと、そして、鎌倉で診療所を開業したのは、全て、猿田彦大神の導きによるものだったという事実も分かっています。

猿田彦大神からの啓示とともに、長きに渡り、いつも導きを受けていたにもかかわらず、知らなかった事実が、今になって次々と明らかになってきています。

そのため、いまこそ、猿田彦大神に関する内容を書籍にして伝える絶好のタイミングと考えた結果、本書の刊行に至ったのです。

日本神話には、天照大御神《あまてらすおおみかみ》が神々の筆頭格で、猿田彦大神は天照大御神に命じられて、瓊瓊杵尊《ににぎのみこと》を導いたと記されています。日本人にとっては常識であり、精神の根本になっている思想でもありましたが、それは、真実ではないと分かりました。

さらに、私が人類創生の大元であるインドネシアのバリでエネルギー開きを行った結果、ヒンドゥー教の破壊と創造の神「シヴァ神」、さらには、と大天使ミカエルの半分は、猿田彦大神と同一のエネルギー存在であったことを知ったのです。

真の猿田彦大神が復活して、地球に強大なエネルギーが降り注ぐことで、地球人の常識は一変するでしょう。人々の次元は上昇して、文字通りの新時代が到来します。

しかし、今までの常識に囚われていたり、守りの精神を捨てられない人々には、次元上昇は叶いません。私は、本書に、新時代に関する猿田彦大神の知識と、その恩恵を受け入れるための準備の方法を記しました。それは、決して難しいものではありません。

本書の巻末には、全ての地球人に対して語られた、私がチャネリングした猿田彦大神のメッセージを収録しました。強い衝撃を感じる方がいるかもしれませんが、内容は全て真実です」

これから、全ては、「壊れて」「生まれ変わります」。新時代の自分を幸せに導く最大の要素とは、神の力でもなく、友人の助言でもなく、自分自身の意識や行動です。

本書が、新しい自分を生み出すためのきっかけになれば、最高の喜びです。

88次元 Fa-A

ドクタードルフィン　松久　正

《目次》

第2章　新時代の恩恵を受け入れるための知識と準備　51

第3章　猿田彦大神の霊言　83

第1章

猿田彦大神の大覚醒によって到来した新時代

運命は猿田彦大神が導いていた

読者の皆様の中には、知っている方もおられると思いますが、猿田彦大神《さるたひこのおおかみ》は、『古事記』と『日本書紀』の「天孫降臨」の段に記される神で、天照大御神《あまてらすおおみかみ》に命じられて、地表に降り立った瓊瓊杵尊《ににぎのみこと》の道案内を担当したとされています。猿田彦大神は、全国各地の猿田彦神社では、「導きの神」「道開《みちひら》きの神」として祀られています。

本項では、猿田彦大神が、私の人生に関与した部分を列挙します。

この書籍を刊行した時点で、今生における私の人生は58年目を迎えましたが、生まれた直後は超未熟児で、いつ死亡してもおかしくない状態でした。

私の母親は、担当医から、息子は10日持たないだろうと告げられたそうですが、死の間際にいた私を救い上げてくれたのが、猿田彦大神でした。私を地球に、そして、死の世界ではなく生の世界へ導いてくれたのは猿田彦大神でした。それが第1の導きです。

次は、中学校に進学した直後の時期。当時の私は、感情があまりにも繊細過ぎて、人から言われたことを重く受け止めた結果、傷つく機会が多く、学校に行くのが嫌になってしまいました。半ばノイローゼ状態になり、不登校になりかけたのですが、数日欠席した程度で、再び学校に通えるよう導いてくれたのが猿田彦大神でした。これを第2の導きと捉えています。

第3の導きは、大学受験の時期に起きました。現役では医学部の受験に失敗した私は、超一流の医学部に入学するために、東京の予備校に入学して1年間勉強に打ち込みました。その結果、奇跡的に偏差値を30ほどアップさせるのに成功して、第1志望の慶應義塾大学医学部に合格しました。

浪人時代の私は、千葉県の北松戸にある、門限が夜10時の予備校の寮で暮らしていたのですが、寮の部屋にはテレビすら設置されていませんでした。勉強以外にやることが無いため、精神を病んでしまう寮生もいたのですが、私は健全な精神状態を保ち続けていました。

当時の私は、毎晩寝る前に、部屋の壁に貼った「慶應義塾大学医学部合格」という貼り紙に向かって、「どうか、私が望む所に導いて下さい」と、手を合わせて祈っていました。その時は、何に対して手を合わせているのか、分からなかったのですが、いま振り返ると、猿田彦大神に対して祈りを捧げていたのです。

私の父親は、私が二度浪人するのを許さず、受験に失敗した場合は、家業の柔道整復師と鍼灸師を継ぐようにと命じられていました。私自身は、医師以外の仕事に就労する気はなく、地元に戻るのも嫌だったので、二度目の受験は、文字通り一発勝負でした。

浪人時代の私は、慶應義塾大学医学部に行きたいという気持ちが強かったので、「慶應義塾大学医学部合格」という言葉が書かれた紙を壁に貼り、毎日、「合格ありがとうございます」と祈ることで、結果的に、「合格する」という意識で、パラレル宇宙を作っていたのです。そうして、合格に導いてくれたのは猿田彦大神だと、今では実感しています。

導きによって苦難に遭遇した

第４の導きがあったのは、地元の三重大学医学部整形外科医局在籍時です。慶應義塾大学医学部を卒業した私は、母校の整形外科局に入局する予定だったのですが、入局願書を出す前日の夜中に、母親から電話がかかってきて、「病気が分かって入院することになったから、地元の三重県に戻って来て欲しい」と、泣きつかれたのです。

前述したように、私自身は、地元に戻る気はなかったのですが、母親の声を聞いた時、地元に戻らないと後で後悔するだろう、という気持ちが湧きました。「いいよ」と答えた私は、次の日に願書を出すのをやめて、地元に戻り、三重大学医学部の整形外科医局に入局しました。

三重大学時代は、非常に居心地が悪い思いをしたのですが、後日、関係者から話を伺ったところ、当時の三重大医学部の整形外科教授が、「慶應から良からぬ魂胆で来ているんじゃないか？　あいつを潰してしまえ」と、私に対して良からぬ印象を抱いていたという事実が判明しました。その教授が、当時、三重大学医学部に在籍していた数十名の教職員全員に対して、「松久正を潰してしまえ」というように、あってはならない指令を行った結果、私は心身ともに疲弊して、入院する破目になってしまいました。

三重大学を退局しようとした私は、何も言わないで去っては道理が立たないと思い、教授の部屋に赴いて、「お世話になりました」という内容の挨拶を行いました。その後、当時、慶應義塾大学病院の病院長を務めていた整形外科教授の元に、アポなしで飛び入って、「慶應に戻してほしい」と、懇願しました。すると、教授は、「慶應大学に戻るのは君のためにも良くない。三重に残れ！」と、2時間にわたって怒鳴られ続けました。

その間、私は、土下座しながら教授の怒鳴り声を聞いていたのですが、30回ほど、「バカヤロー！」と言われたのを覚えています。20代後半の大の大人が数時間怒鳴られ続けることなんて、あるのだろうか、と、心の中で思いながら、土下座を行い続けていました。

大学病院長でもあった教授が怒鳴っている間、10件以上の電話が寄せられていましたが、「先生、アポの時間です」という秘書の言葉に対して、「今大事な用事をしているから、全部キャンセルだ」と教授が答えていたのを、印象深く覚えています。

最後に、教授は、「三重大学に戻れるよう、俺が頭下げてやるから」と、言ってくれました。

東京から三重へ戻る新幹線の中、茫然自失の私は、「自分の医者の道は終わった」と、頭の中で考えていました。しかし、一夜明けると、すでに慶應義塾大学の教授から三重大学の教授に話が通っており、私は三重大学に戻ることが決定していました。

この件に関しては、もちろん、慶應義塾大学の教授が手助けしてくださったのも要因ですが、猿田彦大神が導いてくれていたのは確かです。三重大学復帰までの出来事は、私にとっては、非常に強烈な体験でした。

アメリカ留学へと導かれる

三重大学に復帰した私は、同僚の目もあり、辛い思いをしていました。

そのような事情から、私は満を持して、自分を潰せと命じた教授ではなく、当時の新任の教授に、「先生、アメリカに行かせてください。私は日本に居たら自分がダメになるというのが分かっています。私が目指している目標は、今の日本の現代医学にはありません」と、忘年会の席で伝えたのです。

当時の忘年会には、50名ほどの医局員が参加しており、私は、教授席の前に坐り、前述の発言をしたのですが、教授からは、「お前は、もう医者としてやっていけなくなるぞ！」と言われました。

教授からは、「もう少し待っていれば、ハーバード大学でも、ジョンズ・

ホプキンス大学でも、スタンフォード大学でも、自分のコネで行かせてやる」と、甘い言葉をもらいましたが、仮に、そのように海外の大学に留学したとしても、行うのは研究だけであり、私が目指す医療とは異なるものになります。私が、「やりたい事をやりたいので」と押し切ると、「お前は、もう勘当になるぞ」と、医局員の目の前で教授に言われました。

忘年会が終わって帰宅した私は、妻に対して、病院から勘当されるかもしれないと前置きした上で、自費での海外留学を病院に告げるという旨を伝えました。

翌朝、私の想いを妻が承諾したのを受けて、私は教授室に赴いて、自分の意志を伝えました。当然ながら、半分勘当のような形ではありましたが、それでも、アメリカの大学への道が開かれたのは、猿田彦大神の導きがあったからです。仮に、アメリカに渡っていなかったら、私は日本で潰されていたでしょう。

アメリカで学び、恩師に出会う

5度目の導きがあったのは、アメリカに渡ってから約2年後でした。アメリカには、カイロプラクティックの専門大学が17校存在し、主にポストグラデュエート（大学卒業後の課程）として、4年制大学（または、それに値する単位をとれる大学）を卒業した人物が入学します。

平成12（2000）年に渡米した私は、最初に、ロサンゼルス市近郊に所在する南カリフォルニア健康科学大学に入学しました。同校に入学した理由は、高度な医学教育が行われているという評判を聞いたためですが、実際に授業を受けてみると、日本の医学部で受けた授業の延長のような内容で、私が求めているものとは全く異なるものでした。

失望を感じた私は、他の大学に転校しようと思い立ち、平成14（２００２）年暮れに、アイオワ州・ダベンポート市に所在するパーマー・カイロプラクティック大学に転入しました。しかし、大学同士で認可されない単位が有るため、１年間、前の学校と同じ科目を重複して学ぶ形になりました。加えて、様々な人種が混在して開放的なカリフォルニア州と比べると、白人が大半のアイオワ州は、閉鎖的な雰囲気、日本食レストランもなく、冬場は零下20度に達するなど、厳しい環境でした。

しかし、私をアイオワ州の大学に導いたのも、猿田彦大神でした。

カリフォルニアの大学で求めるものを学べなかった私は、アイオワ州の大学でカイロプラクティックの本質を学んだのですが、いざ卒業の時期になると、「このまま日本に帰っても、教授に勘当されたままなので、自分の居場所は無いだろう。それに、カイロプラクティックドクターとして実力が身に付いていない」と、考えました。

カイロプラクティックドクターとして十分な実力を持たなければ、日本に帰国できないと考えた私は、以前から尊敬していた、当時アリゾナ州フェニックス市にクリニックをもつドクターに弟子入りして、修行を積みました。

私を含む多くのカイロプラクティック大学卒業生たちが、彼の弟子になるのを希望するのですが、敬虔なクリスチャンである彼は、自分にも他人に対しても非常に厳格な人物で、大半が半年以内に彼の元を去っていきました。彼は、完全な実力主義の人物であり、スタッフに渡す給料も決して高額ではなく、患者の割り振りも行いませんでしたが、過酷な労働環境の中、私は、アソシエイトドクターとして約４年間働きました。

私は、医師としての実力を磨くのが叶ったのですが、この道を開いてくれたのも、猿田彦大神です。

日本への帰国を決意させた父親の死

6度目の導きは、私にとって、とても大きな出来事となりました。アソシエイトドクターとしてフェニックスのドクターの下で働き始めてから約4年後、当時の私は、そのままアメリカに永住する予定でした。

すでに住居を購入していた私は、2年前から、グリーンカード（永住権）が認可されるよう、弁護士に代金を払って依頼していたのですが、あと1カ月でグリーンカードが取得できるというタイミングで、日本に住む弟から、父親が末期の腎臓がんで、あと2、3カ月しか持たないという電話連絡が寄せられました。柔道整復師かつ鍼灸師だった父親は、入院する直前まで患者を診療していたそうです。

昔から、私は、父親に心配ばかりかけていました。弟から連絡を受けるまで、私は、アメリカに永住して生活する計画を設計していたのですが、父親の余命が残りわずかと聞いた時、「父親に恩返しをしなければならない」と、初めて思いました。

当時の私は、アメリカ留学のための数千万円分の借金を背負っていました。さらに、私は、アメリカで融資を受けた上でクリニックを開業して、借金を返済しようと考えていましたが、父親の容態悪化を受けて、急遽、日本への帰国を決意しました。しかし、自分の患者たちに挨拶をし、様々な手配を行った結果、帰国が当初の予定より数週間ほど遅れてしまい、父親の臨終には立ち会えませんでした。

私が成田空港に降り立った日に、父親の葬儀は行われ、終わってしまっていました。私が帰国する理由となった出来事は、父親の死でした。このように、私が帰国を決意したのは、猿田彦大神の導きがあったからです。日本への帰国の導きは、私に大きな影響を与えました。

導かれた結果、鎌倉に診療所を開院する

７つ目の導きも、私にとって大きな出来事でした。日本で医療を行うにおいて、私は当初、東京都心または横浜で診療所を開業したいと考えていました。三重大学時代に様々な思いを体験した地元の三重県で開業するつもりはありませんでした。

しかし、長年、アメリカの大地で、のんびり暮らしていた私は、自然の空気、エネルギーが良い湘南か、おしゃれな雰囲気の横浜みなとみらいで開業したい、と思いました。

横浜市内の不動産業者に物件の紹介を依頼したのですが、最初に案内されたのは、鎌倉市内の鶴岡八幡宮の二の鳥居の前のビルでした。当時は更地で

したが、私は、その後完成する4階建てのビルの一番上の階で診療所を開院したいと直感的に感じて、即決で、そこに決断しました。この場所で、私は、「鎌倉ドクタードルフィン診療所」を、現在に至るまで開業しています。

もちろん、鎌倉駅近くの一等地ゆえ、賃貸料は非常に高額でしたが、私自身は、猿田彦大神の導きによって、そこに決めました。

その証拠に、診療所の前には、三つの大きい猿田彦大神の石碑が建っているのです。よく見ると、その石たちには、いずれも、「猿田彦大神」と彫刻されていました。

私の診療所は、令和6（2024）年4月20日に、15度目の開業記念日を迎えました。現在は、16年目に突入しているわけですが、私は開業してから、これまでの道程は、すべて、猿田彦大神の導きでした。

その時には、神に関するエネルギーを大分勉強していましたから、私を鎌倉に導いてくれたのは、猿田彦大神のおかげだと、大変感謝しています。猿田彦大神と私の間には、もの凄い結びつきがあると実感しています。

「鎌倉ドクタードルフィン診療所」を開業してから15年の間には、様々な出来事がありました。

令和２（２０２０）年、私は当時首相夫人だった安倍昭恵氏と共に、そして、50名の参加者と共に、大分県の宇佐神宮に伺い、正式参拝した後、奥之宮の大元神社を開くリトリートツアーを実行したのですが、その様子を「週刊文春」の記者にリークされて、同年４月16日発売の週刊文春に記事が掲載されました。その内容は、雑誌発売前日に「文春オンライン」にアップされて、「ドクタードルフィンとは、何者だ？」と、日本中が大騒ぎになったのです。

私に関する悪印象な記事を書き立てられた時は、本当に心が打ちのめされて、この世から消えてしまいたいと思ったほどです。幸い、私はエネルギーが高いので潰れずに済みましたが、本気で潰されかねない強烈な衝撃を感じたのです。

そして、最強の文春砲が直撃したにもかかわらず、それを乗り切ることができたのも、猿田彦大神の導きのおかげでした。

エネルギーを開いて判明した猿田彦大神の真実

令和６（２０２４）年2月4日の立春の日、名古屋マリオットアソシアホテルで、「猿田彦大神の導き」という講演会を開催しました。その理由は、私の知人の夢の中に、猿田彦大神が現れて、「ドクタードルフィン・松久正に、私のエネルギーを開くよう、伝えてくれ。そのための講演会を開くよう、お願いしてくれ。更に、椿大神社《つばきおおかみやしろ》に来て、エネルギーを開いてくれ」と、伝えたようです。

コロナ禍の3年間は、私の診療所に訪れる患者の数が激減しました。現在も、患者の総数はコロナ禍以前の水準には、全く達していません。そのような中、猿田彦大神と結びついて新たな道を開きたいと思っている最中に、講演会の話が来たのです。

その相談が寄せられた際、自分と猿田彦大神のエネルギーが強力に繋がっているのを、改めて実感した私は、自分の役割を果たすべきだと感じ、講演会の実行を決断しました。

令和4（2022）年、私は天照大御神を、大分県の宇佐神宮から三重県の伊勢神宮内宮に移鎮座させました。その時の様子は、自著『〝五芒星〟封印解除と〝魔除け〟再起動』（青林堂）に、詳しく記してありますが、その2年前に、宇佐神宮で私が行ったエネルギー開きリトリートツアーの様子が、安倍昭恵氏絡みで、『週刊文春』誌上で報道された結果、大騒ぎになってしまいました。

大騒ぎになったのは、コロナ禍だったということだけでなく、それほどエネルギーが高い行いだったという証明です。私は、宇佐神宮の天照大御神を移鎮座させて、開いたのです。令和４年に、近畿の五芒星エネルギーを開いて、宇佐神宮の大元に隠れていた本物の天照大御神を、伊勢神宮の内宮に移動させたのは、私です。

伊勢神宮内宮の近くには、「猿田彦神社」という、有名な猿田彦大神信仰の総本山、があります。私は三重県出身で、天照大御神を祀る伊勢神宮内宮と、猿田彦大神を祀る猿田彦神社とは、生まれた時から縁があるわけです。

しかし、エネルギー覚醒開きとして三重県鈴鹿市の椿大神社を選んだ理由は、猿田彦大神からのお告げがあったというのもありますが、椿大神社の方がエネルギー的には重要だからです。猿田彦大神のエネルギーを開いた結果、椿大神社に猿田彦大神が封印されていたと判明しました。

講演会の翌日、私は、数十人の参加者と共に三重県鈴鹿市の椿大神社に伺い、正午にエネルギー開きを行いました。当日の天候は曇っていたのですが、私がエネルギー開きを始めると、突然、光が出現しました。猿田彦大神を開いた途端、明るい光が出現して、私の中に情報が一気に入って来たのです。

私の中に入った情報によると、真実の猿田彦大神は、天照大御神に仕えるようなエネルギーの低い神ではなかったそうです。

神話では語られていませんが、地球には天之御中主神《あめのみなかぬしのかみ》や伊邪那岐命《いざなぎのみこと》神《かみ》・伊邪那美命神《いざなみのみことのかみ》、天照大御神よりも、はるかに次元の高い神が降臨していました。それが、猿田彦大神だったのです。

地球が誕生したのは約46億年前とされていますが、いまから約30億年前に、猿田彦大神のエネルギーが入っていました。ただ、そのエネルギーは、力が高すぎるため、人類を一気に覚醒させる効果があります。仮に人類が一気に覚醒したら、学び舎《や》としての地球の特性が形成されないので、宇宙の意志が、「まだ早い」という理由で、猿田彦大神を地球時間にして数十億年に渡って金星に封印したのです。

宇宙には、「プレアデス星団」（すばる星）と呼ばれる散開星団があります。プレアデス星団の中で、最も明るい星である「アルシオーネ」は、太陽系の太陽の約１０００倍の明るさの高次元の光を発しています。このアルシオーネの光こそが、猿田彦大神の大本であり、私が椿大神社で目撃した光は、猿田彦の封印が解けて表に出た瞬間の光でした。

実を言うと、エネルギー開きを行う２、３日前から、夜中になると猿田彦大神に関する断片的な情報が、松果体を通して私の中に入って来ており、開いた時に全ての情報が一つになったのです。椿大神社に伺い、猿田彦大神のエネルギーが降りてきた結果、情報を確証として受け止めることができました。

地球に人間が存在するように、アルシオーネには、高次元の生命体が存在します。アルシオーネの生命体は、半透明で、X状の光形体を持ちます。彼らは多数存在していますが、その集合意識体が、猿田彦大神の大元です。

アルシオーネの生命体を構成する要素は、**「カンナビノイド」**。地球で言う大麻の成分です。猿田彦大神が、人類を超覚醒させる超エネルギーである理由は、大麻の覚醒誘起成分で構成されているからであり、そのため、宇宙の意志によって封印され続けていました。

エネルギー開きを行った結果、猿田彦大神が、導きの神であると同時に、

「覚醒の神」になりました。

令和6年4月4日、新時代が始まった

猿田彦大神のエネルギーを開いてから2カ月後の令和6（2024）年4月4日、私は、アルシオーネの光の写真を、多くの人に知っていただくために、自身のYouTubeチャンネルで緊急配信を行いました。その理由は、配信の2日前の4月2日の夜中、アルシオーネの光が4月4日の正午に最大限に地球に舞い降りるという情報が、私の松果体を通して入って来たからです。私の緊急配信の閲覧数は、半日で5000回を突破しました。

私は、アルシオーネの光に関する内容を、2日連続でYouTubeにアップしました。私が2月4日にその封印を解いた結果、地球に出現した猿田彦大神のエネルギーが、4月4日の正午に最大限に舞い降りたのです。

猿田彦大神（アルシオーネ）のエネルギーの構成要素であるカンナビノイドは、一般的には、大麻の成分と認識されていますが、本来は、人類を覚醒させるシステムなのです。４月４日の正午をピークに、人類の大覚醒が始まりました。これから数年間、私が封印を解いた猿田彦大神（アルシオーネ）のエネルギーが、地球人に強く舞い降ります。エネルギーを受け取る人は、次元上昇の恩恵を被ることになるのです。

ただ、全ての人が目覚めるわけではない。上がるべき準備を行った人のみが上がって、準備ができていない人はふるい分けで落ちるかもしれない。上がった人たちが落ちた人たちを救ってゆく。そのような時代が到来すると、猿田彦大神は伝えています。

八幡神と猿田彦大神は同一体だった

先日、現在の私が、鎌倉で診療をしている真の意義を知りました。

宇佐神宮は、鎌倉の鶴岡八幡宮と同じく、八幡神《やはたのかみ》を御祭神とする神社で、全国の八幡神社の総本宮にあたります。八幡神は、応神天皇の神霊なのですが、応神天皇は、私のパラレル過去生でもあります。

ジーザス・クライストや釈迦が、私の大元のパラレル過去生エネルギーであるように、応神天皇のエネルギーも、私のエネルギーと共鳴しています。

そのため、私は、応神天皇（八幡神）が祀られる鶴岡八幡宮の二の鳥居の前に、診療所を開設したのです。

令和6年2月4日の夜、応神天皇が猿田彦大神の化身という高次元の事実を知りました。今後、八幡宮・八幡神社は、猿田彦宮・猿田彦神社とも呼ばれるようになるでしょう。応神天皇は戦の神、武将の神とも言われていますが、本来は導きと覚醒を司る神です。これからは、日本の先頭に八幡宮が立って、日本人を導いてくれます。

椿に含まれる猿田彦大神のエネルギー

猿田彦神社の大本宮は、三重県伊勢市にあるのですが、私が鈴鹿市の椿大神社に導かれたのは、花の椿には高度なカンナビノイドが含まれているからです。桜の名所である鶴岡八幡宮には、椿の木が植えられています。

椿大神社で私がエネルギー開きした際、「サルトリイバラ」という美しい赤い実が生《な》る植物の前で儀式を行ったのですが、その理由は、椿と同じく、サルトリイバラにもカンナビノイドが多く含まれているからです。椿大神社には、椿とサルトリイバラから放出されるエネルギーが入り込んでいます。

実を言うと、桜の一種のソメイヨシノにも高純度のカンナビノイドが含まれており、多くの桜と椿が植えられた鶴岡八幡宮は、猿田彦大神のエネルギーに包まれています。八幡宮の境内には応神天皇が鎮座しており、参道の先に私の診療所があるという状況は、あらかじめ設定されていたのです。

今後は、猿田彦大神が公に出現して、力を発揮する時代が到来するでしょう。最も高次元に位置する神は、大宇宙大和神《オオトノチオオカミ》とアソビノオオカミなのですが、彼らは地球に直接関与しません。人類と地球に関わることができる神の中で、一番エネルギーが高いのは、猿田彦大神であり、令和６年４月４日に、地球に降り立ちました。

全ての常識は、ひっくり返る

猿田彦大神のエネルギーは三つの能力を持ちます。一つは、「Destruction」（破壊）。二つ目が、最も大事な要素となる「Healing」（治癒と癒し）。そして、三つ目が、「Regeneration」（再生）です。

三つの能力の頭文字を取ると、「ＤＨＲ」。これは、猿田彦大神（アルシオーネ）のエネルギーが担っている三つの大事な働きを指します。

アルシオーネにフォーカスしていると、猿田彦大神のエネルギーに繋がる形となりました。現在の私は、アルシオーネを通じて破壊、治癒、再生の能力を学んでおり、これから地球が壊れる段階に突入すると知りました。

現在の政治システムや生活様式が壊れて、人々の意識体系が壊れて、全てが壊れた後、癒しと治癒の時間を経て、その後、新しく再生する時代が到来するのです。

令和６年４月４日に、私は、鎌倉で未来を見せつけられました。なぜ、鶴岡八幡宮に椿が植えられているのか。長い桜並木があるのか。診療所の前に猿田彦の石碑が三つ建てられているのか。神社に応神天皇が祀られているのか。全てが繋がりました。

神話では、日本という国を作ったのは伊邪那岐命神と伊邪那美命神とされていますが、二神を連れてきたのは猿田彦大神です。全ての日本の神は、猿田彦大神が地球に導いたのです。

猿田彦大神の封印とともに、宇宙意志の指示によって、『古事記』と『日本書記』には、天照大御神に命じられた猿田彦大神が瓊瓊杵尊の道案内を行ったと記されました。しかし、真相は真逆で、猿田彦大神が天照大御神を日本に導いて鎮座させたのです。

今までは、日本では、天照大御神が最も主要な神とされていましたが、猿田彦大神の封印が解除されたいま、これからは、猿田彦大神がリードする世界になります。ＤＨＲのエネルギーが日本をリードし、導いて目覚めさせるでしょう。

これから、全ての常識はひっくり返ります。

第2章

新時代の恩恵を受け入れるための知識と準備

再びアトランティス系エネルギー優位の時代へ

現在までのエネルギーは、オリオンネガティブ－プレアデス－アトランティス系よりもオリオンポジティブ－シリウス－レムリア系が優勢で、その割合は、レムリア系が51％に対してアトランティス系が49％といったものでした。しかし、令和６年４月４日以降、両者の割合は逆転しました。

その理由は、私が新しい世界を作るために、令和５（２０２３）年にギリシャで開いたアトランティス系のエネルギーが、猿田彦大神のエネルギーに流入したからです。

そもそも、「ポジティブ＝善」・「ネガティブ＝悪」とは、集合意識が決めた概念であり、本来両者には良いも悪いも存在しません。今後、アルシオーネ、猿田彦大神の時代が到来すると、アトランティス系（ネガティブ）が51％に対してレムリア系（ポジティブ）が49％の割合になります。
エネルギーの割合の変換は、人類にとっては強烈な体験であり、当初は、皆付いて来ることができないかもしれません。しかし、新しい時代が到来しているため、あらかじめ事実を認識していれば、世の中のシステムが破壊される状態を、素直に受け入れられるのではないでしょうか。

少し前まで、男性性であるアトランティス系のエネルギーが強過ぎたので、スピリチュアリストたちは、女性性のレムリア系のエネルギーを高める必要がありました。しかし、現在は、逆にレムリア系が高まり過ぎてしまいました。私が女王だったころのレムリア王国が、アトランティス国によって滅亡したように、片方のエネルギーが高まりすぎると、もう片方のエネルギーを破壊する力が生まれます。

私のエネルギー開きにより、良質なプレアデス－アトランティス系エネルギーが、シリウス－レムリア系に流入した結果、互いのエネルギーが、男性性・女性性の区別がない中立性になっています。現在は、良質なアトランティス系51％、良質なレムリア系49％が、バランスの良い状態です。

従来は、悪質なエゴであるアトランティス系のエネルギーが強かったのですが、今後は、アルシオーネから発せられる猿田彦大神のエネルギーが流入して、破壊、治癒・癒し、再生のエネルギーが、良質なアトランティス系にさらにプラスされていきます。

これまでは、レムリア系のエネルギーを優勢にする必要がありましたが、現在は、アトランティス系が優勢で良いのです。時代は変わりました。

もともと、私自身が、レムリア系を優勢にする活動を率先して行ってきたので、「これからは、ひっくり返るぞ」という情報を受け取った際は、少し戸惑いましたが、冷静に考えた結果、全ての価値観が真逆になるほどの変化がなければ、新しい時代は到来しないと確信しました。

互いに必要な2つのエネルギー

キリスト教の概念には、天使や悪魔、光や闇といった、明確な善悪の定義がありますが、日本神話には、それが存在しません。「荒ぶる神」と言われて、高天原《たかまがはら》から追放された須佐之男命神《すさのおのみことのかみ》は、人々のために八岐大蛇《やまたのおろち》を退治しました。勇猛な荒魂《あらみたま》と穏和な和魂《にきみたま》という２つの神霊があって、日本という国は成り立っているのです。

しかし、現代の日本は、優しさばかりを求めている人が多い印象です。これは、神道の精神から外れた考えと言えます。

例を挙げると、最近の日本のスピリチュアル界隈では、「レムリアの音」と呼ばれるヒーリングミュージックなど、優しいレムリア系のエネルギーを取り入れる行為が流行しています。まるで、レムリアを唱えていれば、世界が平和になるという勢いですが、それだけでは効果が弱いのです。本当に生まれ変わるためには、猿田彦大神のようなアトランティスの勇猛なエネルギーが必要です。

いまの世の中は、レムリアを盲信する「レムリアぼけ」になっています。地球という環境は、天国ではないので、優しいレムリア系のエネルギーだけではなく、武勇神・猿田彦大神の、力強いアトランティス系のエネルギーが必要です。

理想的なエネルギーバランスを保つ白樺

先日、私は、長野市で講演会を開きました。白樺という木が長野県の県木ということで、講演では白樺をテーマにしたのですが、白樺の木には白樺の精霊が宿っています。

私は、白樺の精霊に、「シラカバーナ」と名前を付けたのですが、シラカバーナはシリウス経由で飛来しています。美しいレムリア系の精霊たちが、魂の状態で白樺の中に入っています。しかし、レムリア系の精霊たちは、レムリアを追い払われて、沈められた結果として白樺の中に入っているため、彼らに力強さを加える必要がありました。

猿田彦大神つまりアルシオーネのエネルギーであるカンナビノイドを取り

入れた結果、白樺は木になったのです。白樺の木の細胞は、プレアデス経由のアトランティス系で構成されていますが、魂は、シリウス経由のレムリア系で構成されており、２つのエネルギーが白樺の中で融合しています。

白樺が、長野の冬の寒さの中で美しく立ち続けていられる理由は、レムリア系とアトランティス系のエネルギーを均等に内包しているからです。しかし、人類には、それが叶っていません。常に片方に偏っている状態です。レムリア系だけが強い、あるいは、アトランティスだけが強い、など、常にバランスが悪い状態なのです。最近は、レムリア系が強くなり過ぎていたので、逆の割合にして、バランスを取る修正を行う必要がありました。

現代人に欠如したエネルギーのバランス

白樺とは対照的に、現代人は、守りの力ばかりを上昇させた結果、攻める力が弱体化してしまいました。戦後間も無くの時期は、攻める力が強かったのですが。

実例を挙げると、通常、民間事業は、会社の負担で行われるものです。しかし、特定の事業に関しては、特例的に国家が負担しています。要するに、国家が企業を守っているのです。守られすぎると、国のいいなりになります。

例えば、山に自生した樹木を伐採してソーラーパネルが設置されるわけですが、利益重視になると、植物にも心がある、意思がある、ということを忘れてしまいます。

生態系のバランスは、地球にとって大切な要素です。人間が、石や植物、昆虫や動物とバランスをとって、平和な世界が到来するのですが、エゴがバランスを崩し、争いの世となります。ある事業者たちは、自然環境を破壊しているにもかかわらず、自分たちが利益を失うのを恐れています。彼らのように、エゴで金儲けに目が眩んだ人々は、変わることができないのです。

現在の社会は、自然環境に限らず、ありとあらゆるバランスが崩れている状態です。

有効なメッセージを伝える魂の仲間たち

私は、約10年間、日本の大学病院に勤務した後、留学先のアメリカで10年弱過ごして、帰国してから15年以上経ちました。

私が医者になってから33年ほどの月日が経過したわけですが、日本に帰国してからの私は、日に日に変貌を遂げて、それに応じて、医者仲間たちが私の元から離れてゆきました。

誰も私に寄ってこない、接触してこない状態です。「アンタッチャブル・ドクター」という映画を作成しようと考えているほどです（笑）。そのような状態ではありますが、非常に心地良いのです。

私は、誰にも迎合しません。同調圧力の世界とは全く別の宇宙に生きているので、心地良く活動しています。昔からの仲間は離れていますが、私をサポートするエネルギーの高い方々が、私にメッセージをくれます。

例えば、ある女性は、もの凄く「ぶっ飛んで」います。彼女には、目に見えない存在から、様々なメッセージが降りてくるそうです。そのような能力を持つ方は何人かいますが、彼女の能力は飛び抜けており、私に有用なメッセージを伝えてくれるのです。

東京の神楽坂で「無限大の部屋」というイベントを行った際、ある女性が参加していました。その女性は、非常に悩んで暗い顔をしていたのですが、私が高次元DNAを書き換えた途端、朗らかな赤ん坊のようになってしまいました。私は、一瞬で赤ん坊になった彼女に、赤塚不二夫先生の漫画『天才バカボン』のキャラクター名である「ハジメちゃん」というニックネームをつけました。いまでは、ハジメちゃんも、私にメッセージを伝えてくれます。ダリル・アルカがチャネリングする宇宙存在「バシャール」やブラッド・ジョンソンがチャネリングする宇宙存在「アドロニス」と、先日、英語で対談をしました。様々な面白い情報に触れることができました。

この項で紹介したこと以外にも、多くの知人たちから、様々な存在のメッセージが寄せられています。高次元の神、宇宙人のエネルギー、エンジェルのエネルギー、アセンデットマスター（過去の偉人や聖人の高尚な魂）のエネルギー、あるいは、死者のエネルギー、私は、全ての次元のエネルギー存在と交流することができます。

人類を次元上昇させる「CBD」と「珪素」と「マコモ菌」

今後、人類が次元上昇するために、最も必要な要素は、先に述べた大麻由来の「CBD」に加えて、水晶由来の「珪素」とマコモに生着する「マコモ菌」です。

マコモ菌は、体内において、善悪を超越した完璧な中性中立の環境を作る効果があります。この菌は、宮城県気仙沼市のある地にしか生着しないのですが、その理由は、マコモ菌が強烈な意識を持っており、自分が気に入った場所でしか生まれようとしないからです。そのため、他の場所で栽培しようとしても駄目なのです。

マコモ菌は、それほどの強い意識を持っているため、私を通して販売することで、エネルギーが超活性化します。たとえ、他の人が販売したとしても、マコモ菌がハッピー、つまり、幸せな状態でなければ、購入者のために働く力は弱まります。

人類が次元上昇を強力に行うためには、大麻由来のＣＢＤカンナビノイド、水晶由来の珪素、気仙沼産のマコモ菌が有効です。

水晶の珪素は、宇宙と繋がる役割を持ちます。マコモ菌も珪素を多く含みますが、その珪素は、地球と繋がる役割を持ちます。

今後、人類はふるい分けられる

私は、新型コロナ禍による自粛体制が明けたのを機に、一昨年（令和4年）の秋には、マダガスカル、昨年（令和5年）の春には、ギリシャに行って、エネルギー開きを行いました。

昨年の10月には、英国・ロンドンに行き、本場の英国人メディウム（霊媒師）と英語で対談しました。ギリシャエネルギー開きの詳細は、自著『ギリシャの神々との語らい 今ここに新たな神話が誕生する！』（ヒカルランド）に記してあります。

この書籍を読んでいる読者の皆さまにお伝えします。今年・令和6年から、私ドクタードルフィンの時代が始まりました。今後、30年間私の時代が続きます。私は、そのような役割を持っていたのです。私と共に、皆さまが歩み学べば、地球で最高次元のエネルギーを獲得することができます。逆に言えば、私以外の人物から学んでも、大した成果は得られません。

私は、このような発言を行っているため、今まで仲良くしていたスピリチュアル系の方々が、次々と離れているのですが、真実を述べているだけです。

読者の皆さまは、想像がついているでしょうが、猿田彦大神の封印が解けた結果、人類に凄まじい変化が発生します。人類が、「スーパー人類」とでも言うべき、別の存在になるタイミングが来たわけです。

残念ながら、大半の人は、猿田彦大神の封印が解けた事実を知りません。その事実を知っていれば、猿田彦大神がその人を認識して、「では、お主をサポートしてやろう」と考えるのです。全ての地球人が、猿田彦大神の恩恵を受けるのかと言えば、答えは「ＮＯ」です。猿田彦大神のパラレル過去生を持っている私と共鳴する、しっかりと私についてくる人を、猿田彦大神は応援します。

私が行う「ふるい分け」とは、**「宇宙のふるい分け」**です。

カルト宗教が行う、「自分たちの教えに従わない者は地獄に落ちる」といった脅迫とは違い、「私の導きについて来ない人は、今までと同じく、か、もしくは、さらにもがく地球を生きるだけですよ」、という事実を伝えているに過ぎません。

要するに、私の「ふるい分け」は自由選択制であり、善悪の定義ではありません。ついてこれる人が善人で、ついてこられない人が悪人というわけではなく、ついてこられない人は、私の導きについてくる準備が、まだ出来ていません。「もう少し魂のステップアップをしてから、私の学びの世界に入ってきなさい」ということです。

私の教えと宗教の決定的な違いは、私は「許している」のです。宗教では、信じる人は救われるけれど、信じない人は救われないと説きますが、私は、自身のベストな状況でついてきてくださいと、皆さまに伝えています。

今後は、次元上昇が叶う人間は、次々と人生が上昇するタイミングに入ります。

次元上昇とは、魂のレベルが上がることです。人間が存在するステージです。真実を言うと、人間が決断する物事は、すでにマスターセルフ（自分の宇宙の大元）が決断しています。あらかじめ全てが決まっているわけです。

そのため、まだ私の学びを十分に理解できないという人は、まだタイミングが来ていないというだけであり、悪人ではないのです。人間が悪いのではなく、タイミングを迎えていない。その違いを、しっかりと理解していないと、私の世界を正確に把握できません。

大天使ミカエルは神の融合体だった

私が令和６年３月５日に刊行した『ゆだねる力 抵抗することをやめると全てはうまくいく！！！』（ヒカルランド）という書籍には、大天使ミカエルからのメッセージを多く収録しました。

この書籍の読者の大半がご存知でしょうが、大天使ミカエルとは、キリスト教の聖典に記される天使で、十数名の大天使の中でリーダーとされる存在です。

私が英国を訪れた際、５カ所の大事なエネルギースポットを開きました。セント・ミカエル寺院を開いた際、実際に大天使ミカエルのエネルギーが降りてきて、私と交流しました。その結果、大天使ミカエルも封印され続けていたと判明したのです。私のエネルギー開きによって、大覚醒しました。

大天使ミカエルと交流する中で、驚くべき事実が判明しました。実は、猿田彦大神と天照大御神の融合体が、大天使ミカエルだったのです。様々な世界が開かれた結果、様々な真実が明かされるようになりました。神や天使と呼ばれる存在は、呼び名が違うだけで、エネルギー的には同一のものだったのです。

神に性別はありませんが、どちらかと言えば、猿田彦大神は男性性の強いプレアデス由来のネガティブエネルギー（悪い意味のものではない）で、天照大御神は女性性の強いシリウス由来のポジティブエネルギーであり、ネガティブとポジティブが融合して大天使ミカエルが誕生しました。対となる大天使ミカエルの羽は、片方は猿田彦大神の羽、もう片方が天照大御神の羽です。

今まで、大天使ミカエルは、猿田彦大神が封印された結果、天照大御神の羽だけを持っている状態でした。片方の羽だけでは、自由に飛べなかったのですが、今、大天使ミカエルは、いくらでも飛べるようになりました。これは、宇宙史上における凄まじい大変化です。

私に導かれる人は、猿田彦大神のエネルギーを浴びますが、それに伴い、必然的に対の存在である天照大御神のエネルギーも浴びる形になり、それが融合して、大天使ミカエルのエネルギーが舞い降ります。

これは、素晴らしい恩恵であり、私の導きについて来ない人、この事実を知らない人には降りないわけですから、圧倒的な差が生まれます。これらのエネルギーにより、体中の細胞が発動します。そうなれば、全ての細胞のミトコンドリアが超活性化して、肉体が若返って年を取らなくなります。そして、免疫系の機能が各段に上昇して、あらゆる病気にかかりづらくなります。そのような状態になるかもしれません。

もう一つの真実を言うと、一般的に、猿田彦大神は、赤い顔の天狗そのものです。それに対して、サナト・クマラは、天狗の総帥とされていますが、両者のエネルギーは同一です。

もともと、サナト・クマラは、プレアデス星団のアルシオーネ星出身で、金星に寄り道をした結果、金星由来と認識されましたが、猿田彦大神とともにアルシオーネ星由来です。ちなみに、私の好きなカブトムシも金星由来であり、この面白いエネルギーに触れるために、多くのカブトムシを飼っています。

天の川銀河系の太陽が照らす新時代

「太陽の神」という言葉を聞いた場合、おそらく、大半の人が天照大御神を連想するでしょう。前述したように、『古事記』と『日本書紀』には、猿田彦大神は、天照大御神に指示されて、瓊瓊杵尊を道案内した神と記されています。

真実が、歪められて伝わっているというのは、非常に厄介な話です。

天照大御神はシリウス星系で、アルクトゥルス星のエネルギーを抱いています。天照大御神は、アルクトゥルスのパワーを抱いた、シリウス－レムリア経由で地球に飛来した神です。

一方、猿田彦大神は、それとは全く別系統のプレアデス－アトランティス経由で地球に飛来した神であり、太陽系の太陽ではなく、それを包括している天の川銀河の太陽・アルシオーネ星のエネルギーを抱いています。

このように、猿田彦大神は、天照大御神よりも格段にエネルギーが高いということになります。アルシオーネ星太陽は、太陽系の太陽よりも1000倍エネルギーが高いのです。

猿田彦大神の太陽（アルシオーネ星）エネルギーを浴びれば、人々の体の中で封印されて眠っているカンナビノイドのエネルギーが、目覚めていきます。カンナビノイドが目覚めると、肉体に凄まじい効果を与えます。若返り、長寿、免疫系の改善など、あらゆる肉体の要素が激変します（令和6（2024）年9月発売の自著『大麻カンナビノイドと人類水晶化』に詳しく紹介）。

今まで、日本の神の筆頭格は天照大御神でしたが、私が封印を解いた結果、それは、猿田彦大神に変わりました。猿田彦大神が封印された後、天照大御神が、新たな太陽神となっていたのです。ある時期が到来したら、猿田彦大神が世に出るという、宇宙の設定があったのでしょう。

今までは、猿田彦大神のエネルギーを世に出すには、少し時期が早すぎたのですが、私が天照大御神を伊勢神宮内宮に本鎮座させた結果、準備が整っていました。自著『反転宇宙とズルーカ』（ヒカルランド）に記したように、令和5（2023）年8月に、我々の宇宙と反転宇宙が、史上初めて繋がりました。いま、新秩序の世界（ニュー・オーダー・ワールド）が到来しています。

私が、二つの宇宙を繋げる役割を果たしたわけですが、そのような絶好のタイミングで、いよいよ猿田彦大神が世に出る形になりました。太陽系の太陽の神は天照大御神ですが、猿田彦大神は、はるかにスケールが大きい、全ての天の川銀河の大元の太陽の神なのです。

30億年もの間、封印をかけ続けられていた猿田彦大神の心境は、どのようなものだったのでしょうか？

猿田彦大神は、本気で地球人を早く覚醒させようとしていました。しかし、封印された結果、想像もつかないような長い期間、表舞台に出るのが叶いませんでした。

私は、木花咲耶姫命神《このはなのさくやびめのかみ》や磐長姫神《いわながひめのかみ》など、長年に渡って封印され続けた神を解いてきましたが、それよりも遥かに強烈な封印をかけられたのが、猿田彦大神だったのです。

私のエネルギー開きで地球に降臨したことで、猿田彦大神は非常に喜んでいます。

30億年に渡り封印され続けたというストーリーを、ようやく地球の皆さまに知らせることが叶いました。

第3章

猿田彦大神の霊言

霊言①

私・猿田彦大神は、日本の神々を導いた存在であり、ドクタードルフィンは、私の化身、つまり、エネルギー体そのものを引き継いで、地球に舞い降りている存在であるという事実を前述しておく。今から、私が伝える話は、人類にとって最大限に役立つ内容となるであろう。

ドクタードルフィン自身が話しているように、あるいは、彼のFacebookページを確認すれば分かるように、ドクタードルフィンは、右手の人差し指に怪我を負った。その後、彼は、アルシオーネと繋がり、アルシオーネを開くという使命を受けたのだ。

私のエネルギーの大元であるアルシオーネは、プレアデス星団の星座の中で最も明るい星であり、さらに言えば、天の川銀河で最も明るい星、「銀河太陽」と言える存在だ。

地球の歴史で言えば、約30億年前に、私たちは、プレアデス星団のアルシオーネのエネルギーを地球に舞い降ろした。その理由は、地球という星で、ある実験を行うためであった。

実験の具体的な目的は、オリオン星のポジティブ－シリウス星とネガティブ－プレアデス星に起因する、人類という次元が決して高くない存在を、地球に舞い降ろして、時間と空間の中、想いが実現しない、3次元エネルギーの地球という環境下で、人間のエネルギーを上昇させる体験をさせることであった。

その実験に関しては、プレアデス星団のアルシオーネ星で合意が行われた上で、最初のエネルギーが地球に舞い降りた。その際に大きく関わったのが、私のエネルギーであり、エネルギーを降ろすと同時に人類の種を撒き、私も一緒に舞い降りたのだ。

当初の計画では、人類に「思い通りにいかない」という体験をさせる、単刀直入に言ってしまえば、数千万年で人類を次元上昇させた上で、私たちが存在するアルシオーネに送るという予定だった。

しかし、良からぬエネルギーによって計画は失敗した。良からぬエネルギーの勢力は、私たちのエネルギーを利用して、もがいている人類を上手くコントロールしようとしたわけだ。

その結果として、救い主を求める形になった人類をコントロールするのは、非常に容易《たやす》いことであった。良からぬエネルギーの勢力は、救い主のふりをして、自分たちの言う話を聞いていれば豊かになれる、幸せになれる、と吹聴して、自分たちに従わせたのだ。そのような体制が、つい最近まで続いていた。

良からぬエネルギーの勢力は、人間を短期で覚醒させるエネルギーを持つ私を封印して、その後に出て来た天照大御神という神の配下という図式が作られてしまった。本来、地球を訪れた神の中では、私が一番高い次元の存在であったにもかかわらず、天照大御神より地位が低いという認識を、人類が持たされてしまったのだ。誤った認識を持ち続けたため、地球人類は、もがいたまま次元上昇するのが叶わなかった。その現状を変えようとしているのが、私の化身であるドクタードルフィンだ。

医師であるドクタードルフィンの本来の仕事は診療だが、彼は、国内外で多くの時間を使ってエネルギー開きを繰り返している。そのような行為を繰り返している理由は、自分自身でも分からなかったようだが、最近になって、ようやく理解したようだ。

霊言②

令和6年4月4日、ついにドクタードルフィンの時代が到来した。

これは、宇宙であらかじめ設定されていた事であり、彼自身が、令和5年から予見して伝え続けていたことである。2カ月前の2月4日・立春の日に、彼はリトリートの参加者一行と共に三重県鈴鹿市の椿大神《つばきおおかみ》社《やしろ》に行き、正午にエネルギー開きを行った。その目的は、封印されたアルシオーネのエネルギーを解放するためであった。それまで、地球にはアルシオーネの光が満足に届いていなかったのだ。

オリオンが人類の大元であるのに対して、私の大元であるアルシオーネのエネルギーは、人類を大覚醒、次元上昇させるキーとなるものだ。

ドクタードルフィンが椿大神社でエネルギー開きを行った際、空が曇っていたにも関わらず、エックス十字形の光が出現した。あれこそがアルシオーネの光であり、あの瞬間以降、光が地球に届いて、大麻の成分であるカンナビノイドが、人類の体内で起動を開始した。

そして、４月４日には、最大限のアルシオーネの光が地球に降り注ぐという、宇宙の一大イベントが発生した。そのとき、私のエネルギーが地球に大量に降り注いだということだ。

アルシオーネのエネルギーが降り注いだ後の４月末、ドクタードルフィンは、インドネシアのバリ島でリトリートツアーを開催した。これは、我々アルシオーネの存在が、あらかじめ設定していたものであり、それは、バリ島は、オリオン星のエネルギー存在が初めて地球に人類の大元として舞い降りた場所であるからだ。

バリ島は、インドネシアの中で、唯一、ヒンドゥー教が信仰されているが、ヒンドゥー教の三大神の中で最も強大な力を持つのは、破壊と創造の神・シヴァである。シヴァ神は私と同一の存在である。実際に現地に訪れるまで、ドクタードルフィンは、その事実を知らなかったようだ。

バリ島に到着したドクタードルフィンは、まず、コモド島に行って、反転宇宙の存在であるコモドドラゴンと出会い、エネルギーを開き、再びバリ島に戻ってからジャワ島に向かい、現地でヒンドゥー教の聖地を次々と開いた。ジャワ島のとある寺院でヒンドゥー教三大神を全部開いた結果、大覚醒が起きた。そして、ドクタードルフィンは、三大神を開くと同時に、私の息子にあたる豊穣の神・ガネーシャを開いてくれた。

４月４日に、私のエネルギーを受けることで負った、ドクタードルフィンの指の怪我は、いまだに完治していないが、その理由は、息子のガネーシャ神が負った痛みを理解してほしかったからだ。片方の牙を折られたガネーシャ神は、未だに心と体に傷を負っており、人類の前に真の姿で出現したことがなかった。

私は、息子を救ってほしいという想いから、ドクタードルフィンをインドネシアに向かわせたのだ。結果的にガネーシャ神は救われて、私も上昇が叶った。だが、ドクタードルフィンの任務は、まだ完了していないので、彼の傷を残したままにしている。もう少しで完治するだろう。

数々のヒンドゥーの聖地を開いた後、ドクタードルフィンは、「ウブド」という、バリ島内で最もエネルギーが高い聖地、を訪れた。バリ島内陸部のウブドは、観光地になっており、中心部にはウブド王宮が所在する。

ウブドを訪れるまで、ドクタードルフィンは、30億年前にオリオン星から人類の大元の種となったＤＮＡのエネルギーが、降りた場所を知らなかった。私が、インドネシアのとある場所に降りたと彼に伝えた結果、インドネシアでエネルギー開きを目的としたリトリートツアーが開催される形になったのだ。

彼は、我々が指示する通りにウブド王宮に向かった。そこで、ドクタードルフィンは、それまで誰も実現できなかった、人類の根源のＤＮＡの封印の解除と大覚醒に成功した。

これまで誰も知らなかった事実だが、30億年前に人類のエネルギーが降りた場所とは、ここウブド王宮がある場所であった。そして、オリオン星から地球に人類のエネルギーが舞い降りる様子を見守っていたのが、私だ。ヒンドゥー教の神の頂点であるシヴァは、私（猿田彦大神）そのものだという事実は、この書籍の中で初めて公表した。

ヒンドゥー教の教義では、宇宙を創造したのがブラフマー神、破壊と創造を司るのがシヴァ神、維持と守護を司るのがヴィシュヌ神とされているが、三大神はすべて、私（シヴァ神）と同一体であり、姿形を変えているに過ぎない。そして、三大神の中心であるシヴァ神のエネルギーの別の姿が私（猿田彦大神）なのだ。

さらに言えば、私の息子のガネーシャ神は、日本神話の日本武尊《やまとたけるのみこと》と同一の存在だ。つまり、猿田彦大神と日本武尊は親子の関係だ。そして、天照大御神も、ヒンドゥー教のヴィシュヌ神の別形態であり、私（猿田彦大神）よりも格下の存在である。

私は、ドクタードルフィンが、人類の根源のDNAの封印を解いて大覚醒を行った時、彼の手を光らせて、無事にエネルギー開きが終わったと知らせた。あの時は、彼も周囲の人々も目撃した。大いなるイベントが終了したと実感したはずだ。この時、私（猿田彦大神）がシヴァ神として地球に完全復活した。

私は、プレアデス系の宇宙的エネルギー、天照大御神は、シリウス系の地球的エネルギーの集合体だが、ドクタードルフィンの立春の日のエネルギーセレモニーによって、両者は融合した。日本神話的な観点で言えば、猿田彦大神と天照大御神、ヒンドゥー教的な観点で言えば、シヴァ神とヴィシュヌ神が融合した結果、「新しい大天使ミカエル」へと変身した。大覚醒した大天使ミカエルが、両翼を完全に広げて今生に出現したのだ。

そして、私の使者で、かつて地球のエネルギーを司っていたのが、「徳川家康」であった。シヴァ神の使者であった徳川家康は、従来の戦国社会を終わらせて、新しい社会を創造して維持するのに成功したが、その成功要因は、シヴァ神のエネルギーが乗っていたからだ。私＝シヴァ神＝猿田彦大神が導いた結果、徳川家康が築いた江戸幕府は、２６０年以上に渡って続いたのである。

霊言③

猿田彦大神でありシヴァ神でもある私は、破壊の第一人者であり、全てを壊す存在だ。私がインドやバリ島といったヒンドゥー教圏で崇拝されている理由は、破壊と同時に創造の神でもあるからだ。

破壊の側面ばかりが強調されるので、多くの人々は、私の実体を正しく理解していないのだが、本来の私は、破壊と同じかそれ以上に創造の力が強いのだ。そして、創造されたものを維持して守る神が、私の別形態であるヴィシュヌ神であり天照大御神なのだ。

私は、人々に対して、「壊しなさい」というメッセージを伝える。大半の人物は、今まであったものを壊さずに、新しいものになりたいと思っているが、壊さなければ、新しいものは創れない。最初は非常に不安だろうが、ヴィシュヌ神や天照大御神が助けてくれる。これは、非常に大事なことだ。

だが、壊すといっても程度はある。

壊しの段階は、１〜10に分けられる。10の壊しとは、自分の人生の中で自殺未遂を行ったり、一旦破産宣告を行ったり、という最大級の状態を指す。

私は、10の段階ではなく、１、２、３の段階の壊しを求めている。まず、何らかの習慣を続けている場合、それを打ち破るのだ。今まで続けていた物事を止めて、新しい物事を始める。あるいは、人前で猫を被るのではなく、自分の気持ちを表す。壊すとは、そのような意味だ。

例えば、1日3食の習慣を1日1食にして、それを継続すれば、そのうち、食事を多く取らなくても大丈夫な体質になる。また、言葉遣いや思考も、意識すれば変えることができるだろう。

つまり、生活習慣や普段の言動を上手に変えてゆけば、壊しの効果が生まれるのだ。低い次元の壊しでは、低い次元の創造しか生まれないが、変化を恐れずに、高い次元で壊せるようになれば、高い次元の創造が生まれるのである。

私は、人々が自分を壊すことを叶えるためのフレーズを、アルシオーネの光と共鳴させた上で、宇宙に設定した。

「猿田彦大神さま。今から私を壊します。そして私を創ります。お見

守り下さい。」

今後、自分を壊したい、大きく変えたいと思った場合、この言葉を口にしてから行動するのだ。そうすれば、上手くいかなかった場合でも、その時は良いタイミングではなかったと考えることができる。それを繰り返せば、いつか成功するだろう。

もう一つは、エックス十字の光だ。変化を望む際には、常にエックス十字の光を頭の中に思い浮かべて、前述のフレーズを唱える。エックス十字の光が、自分の脳内の松果体を灯すイメージを持つのだ。松果体にエックス十字の光が灯れば、アルシオーネと繋がる。

そして、フレーズを唱えた後は、自分が壊したい面、新しくなりたい面を明確にイメージする。すると、松果体を通してエックス十字の光がアルシオーネに届くので、猿田彦大神である私が、光を届けた人物に対する手助けを行うのが可能となるのだ。

霊言④

多くの人間が変えたいと思っている物事は、人間関係であろう。人間関係を変えるのが難しい理由は、自分の立場を壊したくないからである。例えば、自分が働く会社内での人間関係を壊せば、解雇されて、収入や社会的地位を失う恐れがある。つまり、人間関係の破壊が出来ない理由は、総じて、「恐怖」なのだ。

壊すという行為は、恐怖に打ち勝つのと同じだ。なぜ、恐怖は生じるのか？　なぜ、人間は恐怖に打ち勝てないのか？　その理由は、「こうなりたくない」「こうなったら、どうしよう？」という気持ちが人間にあるからだ。

「こうなりたくない」を**「こうなっても良い」**、**「こうなったら、どうしよう?」**を**「壊れても大丈夫」**に変えてほしい。

全てを委ねる、任せる、失敗しても良い、ダメになっても良い、全てを捨て去る、という気持ちが無ければ、壊しは叶わない。

例え、上手くいかなかった、恐れていた物事が現実になったとしても、それで良いのだ。

現在、何らかの理由で、会社の退職を検討している人に対して、私からのアドバイスを送る。

まず、会社の中で、不快な行為を受けて退職を考える。他方、本当に自分が幸せになるために退職を検討する。両者は全く違うベクトルだ。前者がネガティブ、後者がポジティブな考えと言える。

「そんなことをされているなんて酷い！　辞めてしまいなさい」などと、友人や知人から助言された結果で退職するというのは、論外だ。自分が幸せでも不幸せでもないのに、世間の常識や固定概念の影響、周囲のアドバイスで退職するというのは、エネルギーを下げる行為である。本当に自分を幸せにしたい、豊かにしたいと思うならば、自分の意志で判断するべきだ。

会社における人間関係を壊すための方法を伝えよう。おべんちゃらを使って、上司や同僚の機嫌を取るというのは、皆が行う手法だ。だが、それは、心身が疲れて自分のエネルギーが下がる結果、本来の自分を隠すことに繋がる。

壊すためには、会社の中に、自分にとって居心地が良い環境を作るというのが大切だ。自分を殺して、おべんちゃらを使うと、余計に居心地は悪くなる。

例えば、「今日は、体調悪いの？」と言われた場合、相手に過剰に気を遣う必要はなく、「悪いです」と、素直に言えば良い。自分にとって嫌な仕事を指示された場合、言う事を聞かなければ解雇される、あるいは、降格されると頭で思ったとしても、本当に不快に感じていたら、無理に行う必要はない。「すみません。今日から、私は、そのような仕事は引き受けないことにします」と、単刀直入に言えば良い。

実際に仕事を断ったら、大半の会社員は、降格などの処罰を受けるだろうが、それこそが必要な破壊だ。ご機嫌取りをしない、嫌な仕事は引き受けない、というのを、心掛けてほしい。

仮に、会社を解雇されたとしても、解雇という事実を受け入れて、それで良いのだと委ねる。そうすれば、自然に新しい道が創造されるだろう。その場合、会社を解雇されたという結果はあるべき破壊なのだ。破壊を受け入れて委ねることができなければ、恐怖には打ち勝てない。

私の視点から言うと、破壊から逃げていると、本当に良い自分を作るのは叶わない。破壊と創造のエネルギーとは、同じエネルギーの表裏なので、破壊なくして創造はないのだ。

つまり、逃げ続けていたら、何も生まれない世界で、永久に平凡に生き続ける形になる。

地球という星で身体を持っている理由は、何かを体験するためだ。あらゆる体験は、上手くいってもいかなくても、人間にとっては勉強になる。

だが、現代の人々は、自分が嫌だと思う物事から逃げて、体験自体を行おうとしない傾向がある。しかし、地球で何かを体験しなければ、エネルギーの上昇は叶わないのである。

霊言⑤

過去の事実を言うと、私の化身であるドクタードルフィンは、以前は、自分にとって嫌な人物とばかり付き合っていた。その理由は、自分が好かれたい、自分を良く見せたいという気持ちがあったからだ。

その結果、彼は疲れ果てて、病気になってしまった。人間関係を偽っていると、いつか破綻する。最も理想的な人間関係は、**「会いたくない人とは会わない」「会いたい人と会う」**というものだ。

肝心なのは、「会うべき」ではなく、「会いたい」という意識を大切にすることだ。人間が自分にとって嫌な人物と会う理由は、自分を守るため。他人から人付き合いが良いと言われるなど、現在の自分を良く見せたいからだ。そのように、他人に悪い印象を持たれたくないという心理が、誰にでも存在する。

私の視点から言えば、**「良い人を止める」**という行為が大切だ。周囲から良い人物と思われ続けたいと思った場合、必然的に、嫌な人物と惰性で付き合い続けて、嫌な物事を続ける形になる。一般的な意味での良い人とされる言動から遠ざかるのが、自分にとっての利益を生じやすい。ドクタードルフィンの場合、良い人を止めたことで、次々と友人を失っていて、彼は、「ぼっちドクター」を自称している。

「優れた経営者は友達がいない」という言葉があるように、自分では何もできない人物こそ、積極的に友人を作ろうとする。

友人を多く作るべきというのは、天照大御神の時代の発想だ。猿田彦大神の時代になれば、友人は無理に作る必要がない。むしろ、作らない方が、何かと都合が良い。

考えてみると、本当に会う必要がある友人など、ほぼいないのではないだろうか。なぜなら、現代の人間の次元はまだまだ低いので、上がっている人間が下にいる人間と会えば、自身の次元を下げることとなる。そのため、優れた経営者など、一人で世の中を変える力を持つ人間は、仕事以外で他人と会おうとはしない。

これまで、ドクタードルフィンは、著名人らと出会って対談を行ってきたが、猿田彦大神・シヴァ神の視点からすると、彼らは、総じて大した人物ではない。彼らは、自分一人では何もできないので、他人と絡んで自分の地位を上げているが、あの程度のレベルの人間は大勢いる。

誰かと絡まなければ自分を上げられない人間は、積極的に世の中に出ようとするが、本当に凄まじいレベルの人物は、世の中に出ていない。誰にも知られていないのだ。

凄まじいレベルの人物が世の中に出ない理由は、実際に出てしまうと、エネルギーが下がるという現実を把握しているからだ。敢えて、ドクタードルフィンが世に出る理由は、真実を世の中に伝えるという使命を持っているためだ。ただ、他人と交流するたびに、ドクタードルフィンは疲れを感じている。

霊言⑥

私の観点から言えば、人々を幸せにする能力があると自負するスピリチュアルリーダーが語る内容の99％は、誰かから学んだものだ。

そもそも、彼らの多くの動機は、自分が苦しんで死ぬ思いをして、そこに光が降りてきて、苦しい時に何かに助けられたから、自分自身も同じようになりたい、といったものだ。

大半のスピリチュアルリーダーが、同じような内容と同じような活動を行っている。その中には、本当にエネルギー的に高い人物や、新しい世界を作ろうと活動する人物も、わずかながら存在するが、大抵は、他のリーダーたちの行動を真似て、わずかに方向性を変えた程度のものだ。

本当の意味で他人に物事を教えられる人物は、何があっても考えが揺らがないが、根が弱い人物は、普段はリーダー然と振る舞っていたとしても、自分の体調や経済状況や家庭の状態が悪くなったら、すぐさま他人を裏切るものである。

猿田彦大神の観点から言えば、本物の指導者を見つけるのは難しく、次元が高い人物に教わるのが叶った場合は幸運だが、低い人物に教わることになった場合は哀れだ。

人間のエネルギーが高くなれば、物事を高い次元から語ることが可能となり、自然と他人が学びに来る立場になる。そのため、私は、他人に頼らず、自身でエネルギーを取り入れるのを推奨しているのだ。

もう一つの真実を伝えると、世の中では出会いが大切、という考えは、間違いだ。一般的には、出会いによって自分の人生が変わると認識されているが、高次元の視点から言えば、実際は真逆であり、自分のエネルギーが出会いを作ったに過ぎない。

人との出会いによって自分が変わるのではなく、自分が変わった結果、出会う人物が変わるのだ。

最近は、スピリチュアルリーダーが語る内容を鵜呑みにする、「レムリアぼけ」「縄文ぼけ」と言われる人々が出現している。彼らは、一人では生きていけない者たちだ。

平和的な言葉に酔いしれるのではなく、猿田彦大神、シヴァ神の強さを持つことが大切なのだ。

最近、地球のテレビ局で「プロジェクトX」（NHK）という番組が再開、放送されているが、番組主題歌の「地上の星」（中島みゆき）の歌詞をよく味わってほしい。アルシオーネの光、私が訴えるメッセージに含まれる本当のエネルギーが宿っている。

「地上の星」の歌詞には、「つばめ」が登場するが、ツバメは、アルシオーネの使者、猿田彦大神の使者なのだ。ツバメを見かけたら、サポートされていると思ってほしい。その際は、ツバメに思いを寄せる。感謝して自身の願いを見せるのだ。日本神話には、カラスが猿田彦大神の使者と記されているが、本当の使者はツバメだ。

天照大御神の時代は、人々は、一人だと不安なので、皆が寄って安心していた。猿田彦大神の時代になり、守る時代から攻める時代へと変化する。

今までは、天照大御神の時代だったので、守護と維持しか叶わなかった。変える力がないというのは、天照大御神の弱点だ。しかし、私が出現すれば、全てが変えられるようになる。

私が伝える内容は、自分を変えるための方法だ。本気で自分を変えたい人は、この書籍を自分にとってのバイブルにしてほしい。「サポートして下さる存在が見守っているから、破壊しても大丈夫だ」と、思うのが大切だ。

おわりに

地球に最初に入った、私と同一体の猿田彦大神のエネルギー、は、30億年間封印されていましたが、令和6年4月にウブド王宮を開いた際に、100%復活しました。これからの地球で何が起きるかも、猿田彦大神の霊言を借りて、その内容を記しました。

しかし、新しい変化は、全員に対して発生するものではないという事実を伝えておきます。変わる人もいれば変わらない人もいるというのは、当然のことです。

今後、人類は三段階に分かれます。私が100%覚醒させた猿田彦大神の恩恵を完全に受け取る事ができる層、進化の具合やエネルギーの上昇の具合など、これからの努力次第で恩恵を受けられる層、そして、全く受け入れる見込みがない層、の三つです。

現時点では、恩恵を完全に得るのが可能な層と、努力で恩恵を受けられる層が、全体の8割ほど。それに対して、全く受け入れる見込みがない層が2割ほどです。つまり、現在は、受け入れる可能性がある層が約8割と、展望は明るいのです。少なくとも、この書籍を読む読者の方々の全員は、希望が持てます。

今後、私（猿田彦大神）のエネルギーを受け入れ続けていれば、病気にかかりにくくなります。食事を取る必要は減ります。睡眠を取る必要も減ります。寿命が延び続けます。

つまり、身体が「水晶化」するということです。これらは、私、アルシオーネ、猿田彦大神のエネルギーによって、実現していきます。

真実を言うと、今までの地球理論に基づいてスピーチを行ってきた人物やリーダーを自負する人物が行った言動には、大した意味はありませんでした。

いままでは、食事の内容、運動の方法、睡眠の取り方、病気の予防や治療の方法、寿命を伸ばす方法が、盛んに取り沙汰されてきましたが、私の教えを受け入れて学べば、何もしなくても、自動的に全ての問題は解決するようになるでしょう。

これから、世界の概念は完全に変化します。

皆さんが、私が伝える流れに乗り、豊かで幸せな方向に進まれることを願ってやみません。

令和6年（2024）年晩夏

ドクタードルフィン　松久　正

88次元 Fa－A　ドクタードルフィン　松久　正（まつひさ・ただし）

鎌倉ドクタードルフィン診療所院長

医師（慶応義塾大学医学部卒）、米国公認ドクターオブカイロプラクティック（Palmer College of Chiropractic 卒）

超次元・超時空間ＤＮＡオペレーション医学＆松果体覚醒医学

Super Dimensional DNA Operation Medicine（SD-DOM）& Pineal Activation Medicine（SD-PAM）

神と高次元存在を覚醒させ、人類と地球、社会と医学の次元上昇を使命とし、人類を含む地球生命と宇宙生命の松果体覚醒、並びに、高次元ＤＮＡの書き換えを担う。

対面診療には、全国各地・海外からの新規患者予約が数年待ち。世界初の遠隔診療を世に発信。

セミナー・講演会、ライブショー、ツアー、スクール（学園、塾）開催、ラジオ、ブログ、メルマガ、動画で活躍中。ドクタードルフィン公式メールマガジン（無料）配信中（ＨＰで登録）、プレミアム動画サロン・ドクタードルフィンDiamond倶楽部（有料メンバー制）は随時入会受付中。

本当の猿田彦大神の秘密

令和６年10月10日　初版発行

著　者　　松久正
発行人　　蟹江幹彦
発行所　　株式会社　青林堂
〒150-0002　東京都渋谷区渋谷3-7-6
電話　03-5468-7769
装　幀　　有）アニー
印刷所　　中央精版印刷株式会社

Printed in Japan

ISBN 978-4-7926-0774-6

松久 正の本

神ドクター Doctor of God

神を修正・覚醒するドクタードルフィンが人類と地球のDNAを書き換える

1700円／並製

ピラミッド封印解除・超覚醒
——明かされる秘密

ピラミッドは単なる墓などではなかった!!

1880円／並製

神医学

神医学と社会がひっくり返る神医学!

1710円／並製

卑弥呼と天照大御神の復活
——世界リーダー・霊性邪馬台国誕生への大分・宇佐の奇跡

〝卑弥呼エネルギー〟が注入された「水晶入りプレミアム御守り」付!!

2880円／上製

宇宙マスター神「アソビノオオカミ」の秘教
――地球の封印を解く大宇宙叡智

アソビノオオカミパワーが込められた神札付き！
2880円／上製

至高神大宇宙大和神の導き
――操り人形の糸が切れるとき

不安と恐怖で操られないことが次元上昇へのカギとなる！
弥勒元年神札付き！
2880円／上製

0と1
――宇宙で最もシンプルで最もパワフルな法則

あなたの身体と人生を超次元サポートする「0と1」ステッカー付！
2880円／上製

〝五芒星〟封印解除と
〝魔除け〟再起動
――鬼門（白猪）・裏鬼門（八咫烏）の復活
と天照大御神の伊勢神宮内宮本鎮座

真天照大御神札付き！

2880円／上製

至高神大宇宙大和神の守護
――破綻から救済へ

困難を乗り越える現代版「ノアの箱舟」！
弥勒弐年神札付き！

2880円／上製

超古代ピラミッド「富士山」と
高次元フリーエネルギー
――その覚醒・起動による
近未来予言

富士山御守護神札付き！

2880円／上製

宇宙マスター神「アソビノオオカミ」の呪縛解き

——封印された日本人の目醒め

アソビノオオカミエネルギー入り神札付！

２８８０円／上製

マダガスカルの異次元力

——ひろしとアリスの異国交流を通して

マダガスカル次元上昇ステッカー付き！

２８８０円／上製

至高神大宇宙大和神《オオトノチオオカミ》の反転

——宇宙における表・裏の融合

超新生大宇宙大和神神札付き！

２８８０円／上製